BEI GRIN MACHT SICH IHR WISSEN BEZAHLT

- Wir veröffentlichen Ihre Hausarbeit, Bachelor- und Masterarbeit

- Ihr eigenes eBook und Buch - weltweit in allen wichtigen Shops

- Verdienen Sie an jedem Verkauf

Jetzt bei www.GRIN.com hochladen und kostenlos publizieren

Alamannen und Goten. Germanen mit unterschiedlicher Herkunft und Geschichte

Oliver Kamm

Bibliografische Information der Deutschen Nationalbibliothek:

Die Deutsche Nationalbibliothek verzeichnet diese Publikation in der Deutschen Nationalbibliografie; detaillierte bibliografische Daten sind im Internet über http://dnb.d-nb.de abrufbar.

ISBN: 9783389021828
Dieses Buch ist auch als E-Book erhältlich.

Druck und Bindung: Books on Demand GmbH, Norderstedt Germany
Gedruckt auf säurefreiem Papier aus verantwortungsvollen Quellen

Das vorliegende Werk wurde sorgfältig erarbeitet. Dennoch übernehmen Autoren und Verlag für die Richtigkeit von Angaben, Hinweisen, Links und Ratschlägen sowie eventuelle Druckfehler keine Haftung.

Das Buch bei GRIN: https://www.grin.com/document/1472332

Julius-Maximilians-Universität Würzburg

Philosophische Fakultät

Institut für Geschichte

Lehrstuhl für Alte Geschichte

Proseminar: Die Soldatenkaiser

Sommersemester 2018

Alamannen und Goten

Germanen mit unterschiedlicher

Herkunft und Geschichte

Vorgelegt von

Oliver Kamm

Geschichte/Englisch auf Gymnasiallehramt

3. Fachsemester

Abgabedatum: 28.09.2018

Inhaltsverzeichnis

1. Einleitung

Die vorliegende Hausarbeit „Alamannen und Goten – Germanen mit unterschiedlicher Herkunft und Geschichte" befasst sich mit den germanischen Stämmen der Alamannen und Goten sowie deren Entstehung und deren weitere Geschichte mit dem Fokus auf das dritte Jahrhundert nach Christus, in welches auch die Zeit der römischen Soldatenkaiser fällt.

Als Germanen wurde von den Römern eine Gruppe verschiedener kriegerischer Stämme bezeichnet, welche in Nord- und Mitteleuropa, hauptsächlich auf der rechten Seite des Rheins, siedelte. Die Begegnungen der Römer mit den Germanen stellten für beide Seiten prägende Ereignisse in deren Geschichte dar. Kämpften die Römer anfangs gegen einzelne, unterschiedlich große Stämme, so sahen sie sich im Laufe des dritten Jahrhunderts mit neugebildeten Großverbänden konfrontiert, zu welchen die Alamannen und die Goten zu zählen sind. Zahlreiche zeitgenössische Quellen schildern die Begegnungen der Römer mit ihren nördlichen Nachbarn und bis heute sind viele geschichtswissenschaftliche Werke über die Germanen und die einzelnen Stämme verfasst worden. Eine Auswahl davon wurde für das Verfassen dieser Hausarbeit verwendet.

Durch die genauere Untersuchung der Entstehung und der Geschichte sowie der Kultur und Ethnogenese der beiden in dieser Arbeit behandelten Stämme, soll sich letzten Endes herauskristallieren, inwieweit diese sich in ihrer Existenz geähnelt haben und welche Aussagekraft sich mit dem Überbegriff „Germanen" verbinden lässt.

Das erste Kapitel des Hauptteils „Der Begriff ‚Germane'" behandelt die Germanen im Allgemeinen und gibt einen Überblick zu deren Geschichte mit Bezug auf das Römische Reich sowie zu deren Lebensweise.

Im darauffolgenden Kapitel „Die Alamannen" soll die Stammesgruppe der Alamannen sowie ihre Geschichte und Eigenschaften betrachtet werden.

Das dritte Kapitel „Die Goten" befasst sich mit der Kultur der ostgermanischen Goten und der Geschichte ihrer Wanderungen und Raubzüge am schwarzen Meer. Da im 4. Jahrhundert den westgotischen Terwingen seitens der Römer große Aufmerksamkeit zukam, werden auch sie in diesem Kapitel genauer behandelt.

Im letzten Kapitel „Alamannen und Goten – Die Stämme im Vergleich" setzt sich diese Arbeit mit den Gemeinsamkeiten und Unterschieden der Alamannen und Goten auseinander und soll anhand dieser beiden Stämme feststellen, welche Bedeutung durch deren Ähnlichkeiten dem Begriff „Germane" zukommt.

2. Alamannen und Goten – Germanen mit unterschiedlicher Herkunft und Geschichte

2.1 Der Begriff „Germane"

Die Germanen haben wohl zu keinem Zeitpunkt als ein sich selbst als einheitlich empfindendes Volk existiert, wie es heute wohl etwa unter den Deutschen der Fall ist. So war der Begriff „Germanen", seitdem die Römer diesen gebrauchten, seit jeher zumeist eine Fremdbezeichnung für die Bewohner des antiken Gebiets „Germanien". Bis heute werden die Deutschen von anderen Ländern mit diesem Begriff in Verbindung gebracht.[1]

Die genaue Herkunft des Namens „Germanen" bleibt bis heute ungeklärt. Sicher ist nur, dass es sich um eine Fremdbezeichnung handelt und sich die germanischen Stämme zu keiner Zeit selbst als „die Germanen" bezeichneten. Vermutungen legen nahe, dass sich der Name von dem lateinische Wort *germanus* ableitet und somit „die Echten" bedeuten könnte. Da die Römer die Germanen wohl eine Zeit lang als die „echten" Kelten bezeichnet hätten. Nach den Kämpfen mit den Stämmen der Kimbern und Teutonen im 2. Jahrhundert vor Christus, welche man für Kelten hielt, war unter Caesar den Römern 58 v. Chr. erstmals bewusst, dass sie, mit dem suebischen König Ariovist und seinem Heer, Angehörigen des Volkes der Germanen gegenüberstanden.[2] Gaius Julius Caesar nahm den Germanenbegriff in sein um 58-52 v. Chr. verfasstes Werk *Bellum Gallicum* auf. Dort beschreibt er die Germanen als ein von den Kelten zu unterscheidendes, kriegerisches Volk, das hauptsächlich von Landwirtschaft lebt. Er charakterisiert sie als ein widerstandsfähiges Volk, dessen Angehörige große und starke Körper haben. Dies sei darauf zurückzuführen, dass sie sich hauptsächlich von

---

[1] Walter Pohl: Die Germanen, 2. Aufl. München 2004, S. 1.
[2] Herwig Wolfram: Die Germanen, München 1995, S. 24 u. 27-30.

Fleisch ernähren.[3] Auch der römische Geschichtsschreiber Cornelius Tacitus spricht in seiner 98 nach Christus verfassten *Germania* von den bewundernswerten Körpern und den blonden Haaren der Germanen. Er geht davon aus, dass die Germanen die Ureinwohner Mitteleuropas sind und sich im Laufe der Zeit auch nicht vermischt haben.[4] Das Gebiet der Germanen erstreckte sich von Gallien im Westen bis zu den Ländern der Sarmaten nach Asien im Südosten. Im Norden begann es an der Meeresküste und reichte bis in die Alpen. So beschrieb es um 44 der römische Geograph Pomponius Mela.[5] Für die Römer im Allgemeinen galt Germanien als eine schauerliche Wildnis. Dort lebten verschiedene Stämme unterschiedlicher Größe. Die Stämme verbanden sich untereinander immer wieder neu und wiesen eine ähnliche Lebensart und Kultur untereinander auf und teilten ähnliche Glaubensformen. Am stärksten beschreibt der Begriff *Germane* jedoch eine Sprachgruppe. Die Dialektformen der einzelnen Stämme wurden im Laufe der Zeit zu den heutigen germanischen Sprachen wie Deutsch oder Englisch.[6]

Für die Römer galten Germanen als nicht sonderlich fleißig und führten ein einfaches Leben. Die Männer hätten ein Leben aus Jagd und Kämpfen geführt. Um die Kraft dafür zu erhalten, sei es unter ihnen üblich gewesen, bis zum zwanzigsten Lebensjahr die Keuschheit zu bewahren. Daneben hätte Ehre in ihrem Alltag eine wichtige Rolle gespielt und die Krieger der Stämme im Kampf vereint.[7] Die germanischen Religionen waren davon geprägt, dass im Geheimnisvollen und der Natur das Heilige lag.[8] Ihr Glaube war gekennzeichnet durch verschiedene Rituale und Opfergaben sowie die Anbetung mehrerer Gottheiten mit unterschiedlichen Bedeutungen, wie beispielsweise dem Donnergott Thor oder der Erdmutter Nerthus.[9] Die Bestattung in Hügelgräbern war unter den Stämmen weit verbreitet.[10]

Trotz vieler römischer Eroberungsversuche blieb der Großteil Germaniens über ein halbes Jahrtausend eigenständig und wurde niemals komplett römische Provinz.[11] Um die eigene Macht gegenüber Rom zu vergrößern taten sich unterschiedliche Stämme

---

[3] Caes. Gall. 4,1,3-10.
[4] Tac. Germ. 2,1-4 u. 20,1.
[5] Mela 1,3,19 u. 3,3,25.
[6] Arnulf Krause: Die Geschichte der Germanen, Frankfurt 2002, S. 17-24.
[7] Caes. Gall. 6,21,1-24,6.
[8] Tac. Germ. 9,2.
[9] Pohl, Germanen, S. 81-82.
[10] Tac. Germ. 27,1.
[11] Krause, Germanen, S. 15.

zusammen. Einer der ersten solcher Großverbände stellten die Sueben dar, auf welche Caesar traf. Später sollten auch die Goten einmal einen solchen Bund darstellen.

Die germanische Geschichte ging mit der Verbindung eigener Kulturelemente mit denen der antiken Hochkulturen und dem Christentum zu Ende. Als letzte bedeutende Kulturgemeinschaft der Germanen seien hier die skandinavischen Wikinger zu nennen. Heute lassen sich in den Vorfahren vieler Europäer Germanen finden.[12]

2.2 Die Alamannen

Im 2. Jahrhundert bildeten elbgermanische Sueben im Südwesten Germaniens den Stamm der *Alamannen*, welche in der Folgezeit mehrere andere Stämme unter ihrem Namen vereinten und im 3. Jahrhundert durch ihre Einfälle in das römische Staatsgebiet und ihre Kämpfe gegen die Soldatenkaiser zu einem der bekanntesten germanischen Stämme wurden.[13]

Bereits 213 nach Christus begann der obergermanisch-rätische Limes seine Bedeutung zu verlieren. Die nicht mehr ausreichend geschützten Grenzen wurden immer öfter von Germanen überwunden, welche daraufhin Überfälle in römisches Reichsgebiet unternehmen konnten. Kaiser Caracalla zog deshalb im selben Jahr mit seinen Truppen an den Limes und besiegte die germanischen Angreifer.[14] Bei der an den Angriffen beteiligten „gens Alamannorum" handelte es sich um einen Stammesverband, der aus den Sueben hervorgegangen war. Sein selbst gewählter Name „Alle Mannen" sollte alle Männer versammeln, die sich gegen die römischen Truppen am Limes erheben sollten. Sie stellten trotz ihrer Niederlage ab 213 eine immer größer werdende Gefahr für das römische Reichsgebiet dar. Zwischen 233 und 235 erfolgten zum ersten Mal Einfälle in das römische Hinterland zwischen Inn und Mosel. Städte wurden verwüstet und Siedlungen mussten aufgegeben werden. Dies hatte eine römische Abwanderungswelle ab dem Jahr 250 zur Folge. Nachdem Gallienus, der Sohn von Kaiser Valerian, im Jahr 259 in Richtung Balkan abgezogen war, erfolgten bis 260 erneut schwere Angriffe, von welchen sich das Gebiet nicht mehr erholen konnte und

---

[12] Krause, Germanen, S. 16+26.
[13] Karlheinz Dietz: Alamanni, in: DNP 1 (1996) coll. 429-430.
[14] Karin Krapp: Die Alamannen. Krieger – Siedler – frühe Christen, Lizenzausg. Darmstadt 2007. S. 9.

der Limes fiel. Der Konsul Postumus beschränkte die Verteidigung erfolgreich auf die Rheinlinie und wurde daraufhin zum Kaiser erhoben. Kaiser Aurelianus gelang es 274 diese Grenze, welche bis zur Mitte des 6. Jahrhunderts bestehen sollte, schließlich zu sichern, doch das Gebiet am ursprünglichen Limes war verloren.[15] Von den eindringenden germanischen Stämmen, darunter auch Goten, waren es die Alamannen, welche sich um 260 hinter dem Limes einsiedelten. Dies gilt als die Geburtsstunde des alamannischen Staates. Sein Gebiet stimmte zu einem großen Teil mit dem heutigen Baden-Württemberg überein. Vor dem fünften Jahrhundert blieb der Austausch der Bewohner „Alamanniens" mit den römischen Nachbarn rar und ihre germanische Kultur weitgehend unbeeinflusst.[16] Die Alamannen nahmen jedoch nach den Eroberungen durchaus andere Germanenstämme in ihren Verband auf. Man richtete sich auf den verlassenen landwirtschaftlichen Flächen ein. Die römischen Bauten wurden nur selten genutzt.[17] Alamannen waren Städte nicht gewohnt und lebten meistens mit ihren Familien in typisch germanischen Siedlungen, bestehend aus einem Langhaus zum Wohnen und unterschiedlich genutzten Nebengebäuden. Zum Teil schlossen sich Familien auch zu größeren Siedlungsverbänden zusammen.[18] Die meisten Alamannen versorgten sich als Landwirte selbst und betrieben Tauschhandel mit anderen Landwirten. Geld spielte nur eine untergeordnete Rolle. Zusätzlich stellten die Überfälle einen wichtigen Wirtschaftsfaktor dar. Jeder Freie besaß Waffen und nutzte sie in den Raubzügen um an verschiedene Gebrauchsgegenstände zu gelangen.[19] Die Struktur der Alamannen ist nicht sicher bekannt. Man konnte bestimmte Ordnungen feststellen, von welchen man aber nicht genau sagen kann, seit wann diese herrschten. Im vierten Jahrhundert stand wohl ein König an der Spitze des Verbandes und herrschte über Freie, Halbfreie und Unfreie. Erstere konnten an Volksversammlungen teilnehmen, wo über geplante Beutezüge beraten wurde.[20] Des Weiteren ist von einer großen Menge an Häuptlingen die Rede, die wohl an der Spitze von Teilstämmen standen. Auch die Alamannen waren eine stark gegliederte Traditionsgemeinschaft.[21] Wie viele Germanen verehrten auch sie die Natur als heilig, sahen ihre Gottheiten, wie den Fruchtbarkeitsgott Freyr, in ihr auf verschiedene Weise

[15] Krapp, Alamannen, S. 10-15.
[16] Christlein, Alamannen, S. 24+123.
[17] Ebenda, S. 25-28.
[18] Christlein, Alamannen, S. 28 u. 39-41.
[19] Krapp, Alamannen, S. 81.
[20] Ebenda, S. 129-131.
[21] Christlein, Alamannen, S. 83-84 u. 123.

vertreten und opferten ihnen an ausgewählten Orten. Sie glaubten an das Leben in dem Schattenreich *Hel* nach dem Tod oder an das Weiterleben der Toten in ihren Gräbern, was die vielen Beigaben erklärt. Ab dem fünften Jahrhundert begann mit der Einnahme alamannischer Gebiete durch die Franken die langsame Christianisierung der Alamannen.[22]

Ab 400 öffneten sich die Alamannen dem römischen Raum, jedoch hauptsächlich auf wirtschaftlicher Ebene.[23] Im selben Jahrhundert gliederten sie weitere germanische Gebiete aus dem heutigen Bayern in ihr Land ein, was die Stammesgründung der *Bajuwaren* zur Folge hatte. Der Einfall der Hunnen und ihrer ostgermanischen Verbündeten in das Römische Reich hatten keine besonderen Auswirkungen auf Alamannien. Ab 537 setzte die immer enger werdende Bindung der Alamannen an die Franken ein, da diese deren nördliche Gebiete im 5. Jahrhundert eingenommen hatten.[24]

2.3 Die Goten

Der ostgermanische Stamm der Goten war ein mit der Zeit wachsender Verband mehrerer Stämme, welche die gotische Tradition als Kern ihrer Verbundenheit nutzten. Als wanderndes Heer fielen sie im 2. und 3. Jahrhundert in die osteuropäischen Gebiete und letztendlich auch in das Römische Reich ein.[25]

Bis zur Mitte des 2. Jahrhunderts wurden Goten noch anders bezeichnet. Auch Tacitus schrieb von Gotonen.[26] Kaiser Claudius II. stellt mit seinem Titel *Gothicus*, den er nach dem Sieg gegen die Goten 269 angenommen hatte, den ältesten Beleg für den Gotennamen dar. Einer von vielen Erklärungsansätzen für dessen Bedeutung führt den Namen auf den germanischen Kriegergott Gaut zurück.[27] Ebenso bleibt ungeklärt, ob der Ursprung der Goten tatsächlich in Skandinavien liegt. Im ersten Jahrhundert n.

---

[22] Krapp, Alamannen, S. 144-153.
[23] Christlein, Alamannen, S. 96+123.
[24] Ebenda, S. 24-26 u. 36.
[25] Karlheinz Dietz: Goti, in: DNP 4 (1998) coll. 1163-1164.
[26] Tac. Germ. 44,1.
[27] Herwig Wolfram: Die Goten. Von den Anfängen bis zur Mitte des 6. Jahrhunderts; Entwurf einer historischen Ethnographie, 5. Aufl. München 2009, S. 30-32.

Chr. tauchen ihre Vorgänger, die Gutonen, im Gebiet Pommerns auf.[28] In der Mitte des 2. und Anfang des 3. Jahrhunderts begannen die Goten ihre Wanderung nach Südosten über die mittlere Weichsel und die heutige Ukraine in das Gebiet des Dnjepr an der Küste des Schwarzen Meeres. Zu anderen Volksgruppen bestand bereits seit dem Ausgangsort der Wanderungen ein reger Austausch. Dem gutonischen Traditionskern der Goten schlossen sich im Laufe der gotischen Wanderungen durchgehend andere Volksgruppen, wie Daker und Karpen, an[29], welche umgekehrt auch mit ihren Bräuchen die gotische Kultur beeinflussten und deren Sprachen Einzug in das germanische Gotisch erhielten. In Pommern waren schon die Gutonen bereits von Kelten beeinflusst. Die für Germanen als sehr mächtig empfundenen gotischen Herrscher standen also an der Spitze einer polyethnischen Gruppe mit klaren Strukturformen, welche eine leistungsfähige Gefolgschaft ermöglichten. In der Weltkrise des 3. Jahrhunderts und der Zeit der Soldatenkaiser begannen die Goten ihre Beutezüge in den römischen Provinzen im unteren Donauraum und in den 250er Jahren auch Seeraubzüge in die Ägäis bis nach Kreta.[30] Viele der Soldatenkaiser führten ihre Legionen in den Kampf mit den Goten, unter ihnen auch Claudius II. und Aurelian, welche den Goten 269 und 271 schwere Niederlagen beibrachten und die Titel Gothicus annahmen. Die besiegten Goten zogen sich in nördlicher Richtung von der Donau zurück, wo sich der Stammesverband schließlich in die Westgoten, welche nördlich an der Donau siedelten, und die Ostgoten östlich von ihnen teilte.[31]

Während des 4. Jahrhunderts verschwanden deshalb die Ostgoten aus dem Blickfeld der Römer und das römische Interesse an den westgotischen Terwingen nahm zu. Wie die Goten des 3. Jahrhunderts waren auch sie ein polyethnischer Stammesverband, welcher neben dem mit den Terwingen verbündeten Reitervolk der Taifalen auch iranische und caucaländische Ethnien umfasste. Ihre und die Sprache der römischen Händler beeinflusste auch die Sprache der Terwingen mit der Zeit. Den Traditionskern dieses Verbands bildete jedoch durchgehend die gotische Kultur, in welche sich über die Jahrhunderte hinweg ein Teil der nichtgermanischen Ethnien assimilierte.[32] Der Verband teilte sich auch politisch auf in mehrere *Kunja* in verschiedenen Gebieten. Diese meist auf Abstammung beruhenden Kleinstämme stellten die bedeutendste

---

[28] Wolfgang Giese: Die Goten, Stuttgart 2004, S. 11-12.
[29] Ebenda, S. 13.
[30] Wolfram, Goten, S. 53-61 u. 121.
[31] Giese, Goten, S. 14-15.
[32] Wolfram, Goten, S. 99-102 u. 121-123.

politische Einheit für den Goten dar sowie eine religiöse Gemeinschaft mit eigenen Priestern und Heiligtümern.[33] Die Terwingen beteten gotische Formen des Kriegsgottes Mars und Jupiter als Donnergott an. Sie leisteten Schwure auf die Götter und ließen ihnen Opfergaben zuteil werden.[34] An der Spitze eines jeden *Kuni* herrschte ein *Reik*. War der gesamte Verband der Terwingen bedroht, so war der Stammesrat, bestehend aus den einzelnen Reiks, dazu imstande einen monarchischen Gotenrichter zu ernennen, welchem damit der Oberbefehl über das gesamte Heer und die Verteidigung des Territoriums zuteil wurde. Ein solcher Richter war Athanarich, der entgegen der Entschlüsse sein Mandat auf Lebzeit festigen und sein Reich auch gegen die eindringenden Hunnen verteidigen wollte. Doch er scheiterte mit beiden Vorhaben. Die Niederlage gegen die Hunnen im Jahr 376 und die dadurch ausgelöste Völkerwanderung bedeuteten für diese politische Ordnung der Terwingen schließlich das Ende.[35]

Im über fünfhundertjährigen Zeitraum, von dem Verlassen ihrer Heimat bis zu ihrer Ansiedlung im Römischen Reich, fand bei den gotischen Verbänden eine fortlaufende Entwicklung ihrer Kultur und Ethnogenese statt. Eine gotische Identität blieb trotzdem durchgehend erhalten.[36]

2.4 Alamannen und Goten – Die Stämme im Vergleich

Beim Betrachten der Geschichte des Stammes der Alamannen fällt auf, dass es in Bezug auf die Lebensweise und Ethnogenese Unterschiede zu dem Verband der Goten gab und sich auch kulturelle Abweichungen feststellen lassen. Trotzdem werden beide seit der Antike zu den Germanen gezählt. Im Folgenden soll untersucht werden, was sich hinter der Zusammenfassung als „Germanen" verbirgt.

Beide Stämme lebten in dem in dieser Arbeit behandelten Zeitraum in unterschiedlichen, nicht benachbarten Gebieten, welche einen direkten Austausch nur schwer möglich machten. Alamannien reichte im 3. und 4. Jahrhundert im Osten

---

[33] Wolfram, Goten, S. 102-105.
[34] Ebenda, S. 113-118.
[35] Ebenda, Goten, S. 103-107.
[36] Giese, Goten, S. 20.

ungefähr bis zur heutigen bayrischen Westgrenze.[37] Das von den Goten bewohnte Land begann in dieser Himmelsrichtung erst im Gebiet der heutigen Ukraine und das spätere Land der Westgoten, nach ihrer Abspaltung in der zweiten Hälfte des dritten Jahrhunderts, erst an der Olt.[38] Diese unterschiedlichen Lebensräume bedingten auch einen unterschiedlichen Verlauf der Frühgeschichte der beiden Stämme. Während die Alamannen deutlich früher nach ihrem Auftauchen im Jahr 213 mit den Römern in Kontakt beziehungsweise in den Konflikt gerieten und von dem späteren Ansturm der Hunnen im Osten weitgehend unberührt blieben[39], so sind deutliche Auseinandersetzungen der Goten mit den Römern erst über 100 Jahre nach ihrem Auftauchen in Pommern, nämlich um 238 in den östlichen Provinzen an der Donau festzustellen. Die Hunneneinfälle im 4. Jahrhundert brachten den Goten schwere Niederlagen bei und lösten unter ihnen eine Fluchtwelle aus.[40] Ein weiterer Unterschied in der Frühgeschichte der beiden Stämme ist die Errungenschaft der Alamannen im Jahr 260 de facto einen Staat zu errichten, welcher durch Grenzen, wie den spätrömischen Limes definiert wurde und sich über zwei Jahrhunderte hinweg überwiegend isoliert vom Römischen Reich entwickelte.[41] Bei den Goten erfolgte bereits aufgrund ihres durchgehenden Austauschs mit anderen Völkern und Kulturen keine solche Grenzfestlegung und die Auflockerung und letztendliche Spaltung des Volkes verhinderte den Aufbau eines Gotenstaates in ihrer frühen Geschichte.[42] Der Umgang mit anderen Völkern und Kuturkreisen fand für die Alamannen vor 500 nur schwach ausgeprägt statt. Einzig die alamannischen Bewohner im römischen Grenzgebiet unterhielten Handelsbeziehungen. Bei den nach Alamannien kommenden Volksgruppen handelte es sich um kleinere Germanenstämme, die sich den Alamannen unterordneten. Die kulturelle Isolation und der anderthalb Jahrhunderte andauernde Beibehalt der staatlichen Souveränität, welche dann an das ebenfalls germanisch geprägte Frankenreich abgegeben wurde, sorgte dafür, dass die Alamannen bis zum frühen Mittelalter als eine ethnische Einheit bestehen blieben.[43] Die beständigen Beziehungen zu anderen Völkern und Kulturen seit dem Auftauchen der Goten, führten dazu, dass sich viele verschiedene Ethnien ihrem Verband

---

[37] Christlein, Alamannen, S. 24.
[38] Giese, Goten, S. 12-15.
[39] Christlein, Alamannen, S. 22+36.
[40] Wolfram, Goten, S. 53-54 u. 100-106.
[41] Christlein, Alamannen, S. 24-25.
[42] Giese, Goten, S. 13-15.
[43] Christlein, Alamannen, S. 25+123.

anschlossen und teilweise in ihm aufgingen. Es wird vermutet, dass sie ohne diesen andauernden Zustrom an Menschen wohl durch die Kriege im dritten Jahrhundert eingegangen wären. Durch die Völkerwanderung assimilierte sich schließlich ein Teil der Goten in der römischen Kultur.[44]

Beim Betrachten der Ethnogenese ist jedoch hervorzuheben, dass sich die Leitkultur beider Stämme über den Zeitraum ihres Bestehens hinweg an einer germanischen Lebensweise und den dazugehörigen Traditionen orientierte und sie deshalb beide zu den Germanen gezählt werden. Bei den Alamannen bildete diese ein suebischer Traditionskern[45] und die Goten waren noch Jahrhunderte lang von den Gutonen als ihren Urahnen geprägt und pflegten deren Werte. Auch die nichtgermanischen Ethnien nahmen diese Werte an.[46] Die Alamannen wollten eben diese „Einheit durch Tradition" mit ihrem selbstgewählten Namen untermauern, da die Römer sie für ein Mischvolk hielten. Diese Eigenbezeichnung, die auch unüblicherweise von den Römern angenommen wurde, war somit eine Art politischer Akt und hatte Aussagekraft nach innen und nach außen.[47] Zwar hat ein solcher Akt bei den frühen Goten nicht stattgefunden, doch als sich der Stamm teilte, benannten sich die beiden Gruppen jeweils neu. Zum einen nahm der westliche Stamm *uesu* (gut) und zum anderen der östliche Stamm *austra* (glänzend) in seinen Namen auf. Beide Bezeichnungen sind Instrumente der Selbstdarstellung und von beiden werden die deutschen Bezeichnungen der West- und Ostgoten abgeleitet.[48] Beide ähneln sich in dieser Vorgangsweise und bei der Untersuchung weiterer kultureller Merkmale erkennt man, dass, trotz kleinerer Unterschiede, die Ähnlichkeit zwischen den Alamannen und Goten, deren Siedlungsgebiete weit voneinander entfernt waren, deutlich ist. Ihre politischen Strukturen bauten sich in ähnlicher Weise auf. Beide bezogen sich auf eine Gesellschaft, deren Einheit vor allem auf einem gemeinsamen Traditionskern beruhte. Die Alamannen gliederten sich in mehrere Teilstämme, die von zumeist wohlhabenden Kleinkönigen oder Häuptlingen angeführt wurden.[49] An der Spitze des Verbandes aller Kleinstämme stand wohl ein König. Um über militärische Raubüberfälle zu beraten, traten Versammlungen aller freien Männer

---

[44] Giese, Goten, S. 12-13 u. 24.
[45] Christlein, Alamannen, S. 22.
[46] Giese, Goten, S. 13.
[47] Christlein, Alamannen, S. 22.
[48] Giese, Goten, S. 15.
[49] Christlein, Alamannen, S. 83.

zusammen.[50] Auch bei den Goten herrschten mehrere Reiks über kleinere Stämme, die zusammen das „Gotenvolk" bildeten. Um dessen Politik zu bestimmen, kamen die Häuptlinge für Beratungen zusammen. Drohte dem kompletten Volk Krieg, so konnten sie einen Richter ernennen, der wie ein König, jedoch nur auf begrenzte Zeit, herrschen konnte.[51] Da weitgehend angenommen wird, dass die Germanen am deutlichsten als Sprachgruppe zu fassen sind, kann auch davon ausgegangen werden, dass Alamannen und Goten eine ähnliche Sprache besaßen und sich unter Umständen sogar hätten verständigen können.[52] In beiden Kulturkreisen betete man, wie für Germanen üblich, mehrere Götter an, denen man Lebewesen und Gegenstände opferte. Die Alamannen verehrten sie in Form von Holzstelen und an verschiedenen Stellen in der Natur, wo die kultischen Rituale von Priestern geleitet wurden. Ebenso glaubte man an Magie, welche sich in Form von guten und bösen Zaubern zu erkennen gab. In römisch beeinflussten Gebieten übertrug man die Namen der römischen Götter auf die heimischen, welche jedoch ihre ursprüngliche Bedeutung behielten.[53] Bei den Goten glaubte und praktizierte man all dies in fast derselben Weise. Ein nennenswerter Unterschied ist jedoch, dass Goten ihren Verstorbenen keine Waffen mit ins Grab legten, da man nicht daran glaubte, dass sie diesen etwas nützen.[54] In allamanischen Gräbern waren dagegen jedoch oft Waffen zu finden. Diese spielten wiederum im Leben der Angehörigen beider Stämme, wie dies für Germanen bekannt war, eine wichtige Rolle. Auf Beutezügen konnte man damit seinen Wohlstand mehren[55] oder für die öffentliche Ordnung im Alltag sorgen.[56] Neben diesen sind noch weitere kulturelle Ähnlichkeiten, welche für Germanen allgemein bekannt waren, bei beiden Stämmen zu finden. Als eine der wichtigsten Traditionen, die sowohl Alamannen als auch Goten pflegten, ist hier die Bedeutung der Familie als Grundstein der germanischen Abstammungsgemeinschaft[57] und somit als Bewahrer der kulturellen Werte.[58]

Alamannen und Goten haben in der hier behandelten Zeit niemals einen einheitlichen Verband gebildet oder einem gemeinsamen Staat angehört, doch ihre hier deutlich

---

[50] Krapp, Alamannen, S. 96 u. 129-131.
[51] Wolfram, Alamannen, S. 100-103
[52] Siehe Anm. 6.
[53] Krapp, Alamannen, S. 144-148.
[54] Wolfram, Goten, S. 114-120.
[55] Krapp, Alamannen, S. 82+92.
[56] Wolfram, Goten, S. 113.
[57] Christlein, Alamannen, S. 28.
[58] Wolfram, Goten, S.105.

werdenden Gemeinsamkeiten lassen den Leser erkennen, dass sich mit der Bezeichnung „Germanen" zwei Volksgruppen beschreiben lässt, welche eine ähnliche Sprache sprachen, einen fast identischen Glauben praktizierten und weit darüber hinaus nach gleichartigen Traditionen lebten.

3. Schluss

Zusammenfassend kann man erkennen, dass man seit dem Auftreten des Begriffs „Germanen" darunter mehrere Volksgruppen verstanden hat, welche sich beim ersten Blick voneinander unterschieden. Sie lebten in verschiedenen Gebieten und setzten sich aus verschiedenen Gruppen zusammen. Jeder Stamm kam mit unterschiedlichen Kulturen in Berührung.

Die Alamannen waren ein Stamm, welchem sich im Lauf der Zeit mehrere kleinere germanische Stämme anschlossen. Im 3. Jahrhundert durchbrachen sie den Limes und siedelten sich dauerhaft auf ehemaligem römischen Reichsgebiet an, welches ungefähr auf dem heutigen Gebiet Baden-Württembergs lag. Dort lebten sie größtenteils unbeeinflusst von anderen Kulturen. Ab dem sechsten Jahrhundert gingen die Alamannen allmählich im fränkischen Königreich auf.

Bei den Goten handelte es sich um einen ostgermanischen Stammesverband, der im Laufe seiner Wanderungen in das Gebiet am Schwarzen Meer nicht nur germanische Volksgruppen unter seinem Namen vereinte. Im 3. Jahrhundert begannen die Goten ihre Raubzüge in den oströmischen Provinzen und spalteten sich in Ost- und Westgoten. Von den Einfällen der Hunnen waren sie direkt betroffen und während der dadurch ausgelösten Völkerwanderung floh ein großer Teil von ihnen in das Römische Reich.

Beide Stämme verfügten über Unterschiede und Gemeinsamkeiten. Bei der genaueren Untersuchung wird deutlich, dass die Ähnlichkeit, die man in der Lebensweise, in der gesellschaftlichen Struktur und vor allem in der Tradition der Stämme erkennen kann, deutlich überwiegt. Aus diesem Grund werden beide, zusammen mit anderen Stämmen, zu den Germanen gezählt.

Quellen- und Literaturverzeichnis

Literatur:

CHRISTLEIN, **Reiner**: Die Alamannen. Archäologie eines lebendigen Volkes, 3. Aufl. Stuttgart; Aalen 1991.

DIETZ, **Karlheinz**, Alamanni, in: DNP1 (1996) coll. 429-430.

DIETZ, **Karlheinz**, Goti, in: DNP4 (1998) coll. 1163-1164

GIESE, **Wolfgang**: Die Goten, Stuttgart 2004.

WOLFRAM, **Herwig**: Die Germanen, München 1995.

WOLFRAM, **Herwig**: Die Goten. Von den Anfängen bis zur Mitte des 6. Jahrhunderts; Entwurf einer historischen Ethnographie, 5. Aufl. München 2009.

KRAPP, **Karin**: Die Alamannen. Krieger – Siedler – frühe Christen, Lizenzausg. Darmstadt 2007.

KRAUSE, **Arnulf**: Die Geschichte der Germanen, Frankfurt 2002.

POHL, **Walter**: Die Germanen, 2. Aufl. München 2004.

Quellen:

CAESAR: Bellum Gallicum.

MELA, Pomponius: De chorographia.

TACITUS, **Cornelius**: Germania.